BEI GRIN MACHT SICH IHR WISSEN BEZAHLT

- Wir veröffentlichen Ihre Hausarbeit,
  Bachelor- und Masterarbeit

- Ihr eigenes eBook und Buch -
  weltweit in allen wichtigen Shops

- Verdienen Sie an jedem Verkauf

Jetzt bei www.GRIN.com hochladen und kostenlos publizieren

Managen von Unternehmensrisiken. Ein Leitfaden zu Risikoarten und Rating

GRIN ☺

Bibliografische Information der Deutschen Nationalbibliothek:

Die Deutsche Nationalbibliothek verzeichnet diese Publikation in der Deutschen Nationalbibliografie; detaillierte bibliografische Daten sind im Internet über http://dnb.d-nb.de abrufbar.

ISBN: 9783389019283
Dieses Buch ist auch als E-Book erhältlich.

© GRIN Publishing GmbH
Trappentreustraße 1
80339 München

Druck und Bindung: Books on Demand GmbH, Norderstedt Germany
Gedruckt auf säurefreiem Papier aus verantwortungsvollen Quellen

Das vorliegende Werk wurde sorgfältig erarbeitet. Dennoch übernehmen Autoren und Verlag für die Richtigkeit von Angaben, Hinweisen, Links und Ratschlägen sowie eventuelle Druckfehler keine Haftung.

Das Buch bei GRIN: https://www.grin.com/document/1467516

Einsendeaufgabe

Titel der Arbeit:

Risikoarten und Rating

Aufgabennummer:

B

Modul:

Rating und Risikomanagement

Studiengang:

Management (M.Sc.)

2

Inhaltsverzeichnis

1. Aufgabe: Arten von Risiken in Unternehmen 3

2. Aufgabe: Begrifflichkeit und Bedeutung des Ratings 9

3. Aufgabe: Konzeption von Ratingsystemen 13

Anhang 19

Literaturverzeichnis 20

1. Aufgabe: Arten von Risiken in Unternehmen

Unternehmen unterliegen permanenten Risiken, die unter Umständen einen bedeutenden Einfluss auf die Rentabilität und auch Existenz eines Unternehmens aufweisen können. Aufgrund dessen ist es umso wichtiger, mögliche Risiken zu erkennen und auf die
Bedrohung hin zu analysieren, um so bereits im Voraus mögliche Gegenmaßnahmen
erarbeiten zu können. In dieser Teilaufgabe sollen nachfolgend die verschiedenen Risikoarten verdeutlicht und mögliche Ausprägungsformen beispielhaft aufgezeigt werden.

Eine übersichtliche Möglichkeit zur Klassifizierung der Risiken, stellen die Risikofelder
dar, anhand welchen sich bereits die thematische Zuordnung von Risiken innerhalb eines Unternehmens ergibt. Dabei ist das Unternehmen selbst und vor allem auch weit-
greifend das gesamte Umfeld zu betrachten, da sich hieraus ein Großteil interner sowie
externer Risiken erkennen lässt. Nach Gleißner lassen sich dabei die folgenden Risikofelder beschreiben:

- Strategische Risiken
- Marktrisiken
- Finanzmarktrisiken
- Rechtliche und politische Risiken
- Risiken aus Corporate Governance
- Leistungsrisiken[1]

Im Kontext der strategischen Risiken lassen sich insbesondere mögliche Bedrohungen
ermitteln, die sich auf die strategische Ausrichtung eines Unternehmens beziehen und
somit den langfristigen Erfolg jenes Unternehmens beeinflussen. Dabei muss klar sein,
von welchen Faktoren der langfristige Erfolg überhaupt grundsätzlich abhängt, um letztendlich auch mögliche Bedrohungen für besagte Faktoren zu ermitteln und deren Relevanz zu beziffern. Strategische Risiken lassen sich folglich grundsätzlich in den Erfolgspotenzialen erkennen, da jene Potenziale maßgeblich für den künftigen Erfolg des Unternehmens verantwortlich sind. Dies können beispielsweise bestimmte Wettbewerbsvorteile sein, die der Kunde wahrnimmt oder auch interne Stärken, mit welchen sich das
Unternehmen von den Mitbewerbern abheben kann.[2] Blickt man nun jedoch auf die
grundlegende Strategie eines Unternehmens, stechen die Kernkompetenzen heraus,
welche für das Unternehmen maßgeblich erfolgsentscheidend sind. Dies kann

---

[1] Vgl. Gleißner, Werner und Meier, Günter (2001), Seite 112.
[2] Vgl. Gleißner, Werner (2017), Seite 65.

beispielsweise ein besonderes Herstellungsverfahren sein, welches von den Mitbewerbern nur sehr schwer kopiert werden kann. Das mögliche Risiko, welches sich aus diesem Beispiel ergibt, könnte die Weiterentwicklung der Mitbewerber sein. So würde ein bislang neues Herstellungsverfahren oder die Verwendung neuer Rohstoffe die einstige Kernkompetenz gefährden und somit ein bedeutendes strategisches Risiko für das Unternehmen darstellen. Hieraus ergibt sich ein zweiter Bereich, der unter den strategischen Risiken beachtet werden muss. Die Geschäftsfeldstruktur und damit einhergehend die Wettbewerbsvorteile innerhalb eines Geschäftsfeldes sind maßgeblich für die Wettbewerbsposition verantwortlich. Um auch hier das zuvor genannte Beispiel aufzugreifen, würde sich das Herstellungsverfahren auf eine bestimmte Branche beziehen, in welcher jenes angewendet werden kann. Würde ein Mitbewerber nun ein neues Verfahren entwickeln oder durch die Verwendung von neuen Rohstoffen das bisherige Herstellungsverfahren überflüssig machen, könnte sich die Wettbewerbsposition bedeutend verschlechtern, da schlichtweg kein besonderer Kundennutzen mehr besteht. In diesem Fall ist langfristig zu überlegen, ob es überhaupt rentabel ist, das Geschäftsfeld weiterhin zu bedienen.

Darüber hinaus sollte die Wertschöpfungskette explizit betrachtet werden und Teilbereiche, die maßgeblich für die Kernkompetenzen und somit für den Unternehmenserfolg verantwortlich sind, ermittelt werden. Dies hat zur Folge, dass das Unternehmen konkret entscheiden kann, welche Teilbereiche der Beschaffung extern bezogen und welche selbst hergestellt werden sollen. Würde das Unternehmen beispielsweise eine bestimmte Komponente, die für das oben beschriebene Herstellungsverfahren elementar ist, extern beziehen, obwohl es diese selbst produzieren könnte, entstünde ein maßgebliches strategisches Risiko, das die Existenz massiv bedrohen kann.[3] Es ist somit von besonderer Relevanz, die für den Erfolg wichtigen Teilbereiche der Wertschöpfung zu ermitteln und diese entsprechend risikominimierend zu behandeln.

Zusammenfassend beziehen sich die Risiken des strategischen Feldes maßgeblich auf das Unternehmen selbst sowie auf die zukünftige strategische Ausrichtung der Unternehmung.

Anders hingegen bezieht sich das zweite Risikofeld auf hauptsächlich externe Faktoren, die den Absatz- sowie Beschaffungsmarkt betreffen, weshalb in diesem Zusammenhang von Marktrisiken die Rede ist. Der erste Gedanke ist dabei der unvorhersehbare Umsatz, da lediglich Prognosen für die zukünftige Umsatzentwicklung erstellt werden können. Das damit einhergehende Marktrisiko bezieht sich folglich maßgebend auf den Absatzmarkt, welches je nach Geschäftsvorhaben stark unterschiedlich sein kann. Können

---

[3] Gleißner, Werner (2017), Seite 66.

zukünftige Umsätze beispielsweise nur sehr grob abgeschätzt werden, steigt das Marktrisiko, da eine konkrete Entwicklung und somit auch Planung des Unternehmens nahezu
nicht vorhergesagt respektive erstellt werden kann.[4] Um dabei das Marktrisiko ergänzend für ein spezifisches Unternehmen zu ermitteln, bedarf es einer genaueren Analyse
interner Faktoren. Werden beispielsweise viele Mitarbeiter und Werkhallen für das Bestehen des Unternehmens benötigt, fallen folglich enorm hohe Fixkosten durch Lohn-
kosten sowie der Miete an. Eine unvorhersehbare Umsatzstruktur hat dahingehend auch
existenzgefährdenden Charakter, da bestehende Fixkosten unter Umständen nicht gedeckt werden können. Um letztendlich eine Einschätzung über das vorherrschende
Marktrisiko geben zu können, ist der Markt selbst zu betrachten und Charakteristiken
genau zu beleuchten. Dabei stechen fünf Kräfte heraus, die einen Einfluss auf einzelne
Akteure und auch den gesamten Markt haben können. In Porters Branchenstrukturanalyse, welche auch als Five Forces bezeichnet wird, lassen sich diese Faktoren erkennen.
Das dazugehörige Schaubild ist der ersten Abbildung im Anhang zu entnehmen. Nach
Porter hängt das Marktrisiko somit mit den fünf Akteuren und deren Verhalten zusammen:[5]

- Lieferanten und deren Verhandlungsstärke: Lieferanten werden im Five Forces Modell hauptsächlich durch ihre Verhandlungsstärke charakterisiert. Porter fokussiert
  sich dabei insbesondere auf die entsprechenden Preise der Waren, die abhängig
  der Verhandlungsstärke, an den Lieferanten zu entrichten sind. Werden beispielsweise Preise erhöht, kann sich die Rentabilität der betroffenen Branche verringern,
  was insbesondere bei „mächtigen" Lieferanten zu beobachten ist. Grund hierfür
  sind mangelnde Substitutionsprodukte oder alternative Bezugsquellen und die damit einhergehende starke Position des bestehenden Lieferanten, welcher nahezu
  auf keinen einzelnen Kunden direkt angewiesen ist. Im Falle einer Preiserhöhung
  besteht folglich das Risiko, die Erhöhung aufgrund von mangelnder Alternativen
  annehmen zu müssen und die Erhöhung wirtschaftlich selbst zu tragen.[6]
- Kunden und deren Verhandlungsstärke: Auch auf der Kunden- beziehungsweise
  Abnehmerseite lässt sich die Preisgestaltung durch die Verhandlungsposition beeinflussen. Weist ein Kunde eine starke Position auf, besteht folglich das Risiko,
  dass eine gewisse Abhängigkeit zu diesem besteht und Preisverhandlungen aus
  Lieferantensicht nur wenig erfolgreich sein können. Auch gewisse After-Sale-Ser-
  vices oder eine verbesserte Qualität könnte der Abnehmer durch seine starke

---

[4] Vgl. Gleißner, Werner (2017), Seite 67.
[5] Vgl. Porter, Michael, Harvard Business Press (2017), Seite 31.
[6] Vgl. Schawel, Christian und Billing, Fabian (2017), Seite 142.

Position in einer gewissen Weise erzwingen und den Gewinn des Lieferanten schmälern.[7]

- Potenzielle neue Anbieter am Markt und die damit einhergehende Bedrohung: auf einem durch die Nachfrage begrenzten Markt stellt der Eintritt eines neuen Anbieters grundlegende Risiken dar, da bestehende Unternehmen ihre Marktanteile sowie Renditen sichern müssen. Nach Porter ist die Bedrohung durch neue Anbieter besonders groß, wenn ein Marktzugang ohne größere Aufwendungen zu realisieren ist. Diese sogenannten Zugangsbarrieren können folglich den Eintritt in einen bestehenden Markt fördern oder auch hemmen.[8] Typische Zugangsbarrieren sind nach Porter die vorherrschenden Skaleneffekte und die damit einhergehende Kostenverteilung je Produkt, die Möglichkeit der Produktdifferenzierung, die Kapitalerfordernisse und damit einhergehend das finanzielle Risiko sowie auftretende Wechselkosten auf Kundenseite.[9]

- Bedrohung durch Substitutionsprodukte: Im Rahmen der Branchenstrukturanalyse können auch Unternehmen, die nicht im direkten Wettbewerb zueinanderstehen, zu Konkurrenten werden. Dies ist möglich, wenn beide Unternehmen Produkte anbieten, bei denen der Kunde nahezu denselben Nutzen erfährt und folglich beide Produkte gegeneinander ausgetauscht werden können. In solch einem Fall fungiert das Substitutionsprodukt als Preisobergrenze, die nicht überschritten werden sollte.[10]

- Branchenwettbewerb: dieses Element der Analyse stellt die Rivalität innerhalb der Branche dar und ist somit ein Abbild der Intensität des Wettbewerbs. Dabei lassen sich gewisse Indikatoren erkennen, die einen bedeutenden Einfluss auf den vorherrschenden Wettbewerb haben: viele Mitbewerber mit ähnlichen bis gleichen Produkten, geringes Branchenwachstum sowie eine fehlende oder unzureichende Produktdifferenzierung.[11]

Darüber hinaus ist auch die Kontinuität der Absätze zu betrachten. Gerade bei saisonal oder konjunkturell stark schwankenden Absatzmengen besteht ein gewisses Marktrisiko, da zum einen keine regelmäßigen Cashflows fließen und zum anderen auch eine konkrete Skalierung für die zukünftige Planung erschwert wird.

Ein weiteres Risikofeld stellen die finanzwirtschaftlichen Risiken dar, die wiederum interner und externer Natur sind. Wie zu vermuten ist, finden interne Risiken ihren Ursprung

---

[7] Vgl. Baader, Andreas et al. (2006), Seite 3.
[8] Vgl. Bain, Joe (1956), Seite 3.
[9] Vgl. Porter, Michael (2013), Seite 44-45.
[10] Vgl. Porter, Michael (2013), Seite 47.
[11] Vgl. Porter, Michael (2013), Seite 40 und 53 ff.

innerhalb des Unternehmens, wohingegen externe Risiken seitens der Finanzmärkte auf das Unternehmen wirken. Im internen Bereich lässt sich direkt vermuten, dass sich dieses Risiko auf die Zahlungsfähigkeit des Unternehmens bezieht, weshalb eines der größten internen Risiken die Liquidität und somit auch die finanzielle Stabilität darstellt. Dabei ist zu beachten, dass mögliche Zahlungsunfähigkeiten durch beispielsweise andere Risikobereiche verursacht oder begünstigt werden. Aus diesem Grund ist das finanzwirtschaftliche Risiko in Kombination mit beispielsweise der marktgegebenen Risiken kombiniert zu betrachten.[12] Gerade in einem Markt mit ausgeprägtem Wettbewerbsverhalten zeigt sich diese Abhängigkeit deutlich, da insbesondere kleine Unternehmen von beispielsweise starken Preiskämpfen der großen Mitbewerber zur Unterdeckung in einer gewissen Weise gezwungen werden und somit eine Zahlungsunfähigkeit aufgrund fehlender Kostendeckung die Folge ist. Darüber hinaus fallen in diesen Bereich mögliche Risiken, die sich auf die Versorgung mit Fremdkapital beziehen. Aufgrund von objektiven Ratingverfahren seitens der Fremdkapitalgeber, werden nunmehr subjektive Präferenzen seitens der Kreditgeber weitestgehend ausgeblendet. Dies hat im schlimmsten Fall zur Folge, dass Unternehmen aufgrund eines schlechten Ratings nicht ausreichend, überhaupt nicht oder zu schlechten Konditionen mit Fremdkapital versorgt werden, was wiederum die Liquidität des Unternehmens maßgebend beeinflussen kann.[13] Auch im Hinblick der eigenen Mitarbeiter respektive internen Prozesse, können Risiken entstehen, die sich auf den finanzwirtschaftlichen Bereich beziehen. Durch beispielsweise fehlende Wissensgrundlagen der Mitarbeitenden, können Risiken entstehen, da möglicherweise Auswirkungen von Entscheidungen nicht abgeschätzt werden können oder gegebenenfalls betrügerische Absichten nicht erkannt werden.

Extern betrachtet lässt sich ein zentrales Risiko im Finanzbereich erkennen. Durch Zinsschwankungen lassen sich Konditionen für den Bezug von Fremdkapital nicht konkret vorhersehen und planen. Insbesondere bei Unternehmen mit einem hohen Anteil an Fremdkapital, wirkt sich dieses Risiko entsprechend stärker auf die Gesamtlage des Unternehmens aus. Wird diese Thematik nun mit dem zuvor erläuterten internen Risiko der Konditionsverschlechterung aufgrund eines Ratings in Verbindung gebracht, würden solche Zinsschwankungen die Gesamtproblematik weiter verschärfen.[14]

Darüber hinaus müssen sich Unternehmen mit möglichen Risiken auf der Kundenseite auseinandersetzen. Durch gesellschaftliche Veränderungen, insbesondere im Bereich sich verändernder Ansichten und Trends, können Unternehmen respektive deren Produkte eine massiv negative Absatzentwicklung erleiden. Gerade im Hinblick dem immer

---

[12] Vgl. Gleißner, Werner (2017), Seite 68.
[13] Vgl. Lingnau, Volker (2008), Seite 186.
[14] Vgl. Gleißner, Werner (2017), Seite 69.

stärker im Fokus stehenden Thema der Nachhaltigkeit, müssen einige Unternehmen ihr bisheriges Geschäftsmodell grundlegend überarbeiten, um auch zukünftig von Kunden akzeptiert zu werden. Durch das Verkaufen und somit Inverkehrbringen von Artikeln, entstehen weitreichende rechtliche Risiken, die sich beispielsweise auf die Produkthaftung beziehen. Hierbei spielen diverse Gesetze eine Rolle, die meist sehr verbraucherfreundlich ausgelegt sind und Unternehmen daher einen großen Aufwand einkalkulieren müssen, sollte es zu Beanstandungen verkaufter Artikel kommen. Im Falle einer Schadensersatzforderung spielt dabei auch das Vertriebsland eine Rolle, da sich die Höhe von Forderungen häufig je nach Land extrem unterscheiden und beispielsweise, wie in den USA, extrem hoch ausfallen können. Abschließend zu nennen ist das gesamte Rechtssystem, welches einem stetigen Wandel unterliegt. Gesetze werden beispielsweise ergänzt oder einzelne Klauseln verschärft, was meist einen deutlichen Arbeitsaufwand für betroffene Unternehmen darstellt.[15]

Dem entgegen stehen auch Risiken, die sich auf das Unternehmen selbst beziehungsweise dessen Mitarbeiter*innen beziehen. Durch die bestehende Aufbau- und Ablauforganisation können Risiken durch beispielsweise unzureichende Aufgabenverteilung und somit einer falschen Zuordnung von Kompetenzen entstehen. Dabei ist auch der Führungsstil zu nennen, der passend zum Unternehmen und vor allem auf die Ziele des Unternehmens ausgerichtet sein sollte. Das Risiko besteht klar darin, dass Mitarbeiter*innen falsch oder überhaupt nicht zu guten Leistungen motiviert werden. Die Führungskraft sollte die Bedürfnisse seiner Abteilung kennen und seine Führungsaufgabe im Einklang der Unternehmensziele dahingehend ausrichten. Darüber hinaus bedarf es einer konkreten Anweisung, welche Risiken durch das Ausführen bestimmter Aufgaben einhergehen. Nur so kann sichergestellt werden, dass potenzielle Risiken erkannt und bereits durch die ausführende Person im besten Fall umgangen werden können. Werden beispielsweise in einem Unternehmen Mitarbeiter mit internen Informationen vertraut gemacht, bedarf es einer konkreten Ausführung, welche Risiken durch das Verbreiten solcher Informationen entstehen können. Im schlimmsten Fall können Unternehmen durch eine Weitergabe vertraulicher Informationen massive wirtschaftliche Schäden erleiden, da beispielsweise bestehende USPs durch Mitbewerber nun leicht kopiert werden können.[16]

Zu guter Letzt müssen sich Unternehmen mit sogenannten Leistungsrisiken auseinandersetzen. Diese lassen sich in die folgenden drei Bereiche Wertschöpfungskette,

---

[15] Vgl. Gleißner, Werner (2017), Seite 72.
[16] Vgl. Gleißner, Werner (2017), Seite 73.

Unterstützungsprozesse und spezielle Risiken einteilen. Konkret können im Bereich der Wertschöpfungskette Risiken auftreten, die beispielsweise durch äußere Faktoren beeinflusst werden. Anhand der Covid19-Pandemie sowie des Krieges in der Ukraine wurde ersichtlich, dass extern bedingte Einflüsse enorme Risiken für Unternehmen zur Folge haben können. Hinzu kommen diverse Unterstützungsprozesse, die den Ablauf im Unternehmen sicherstellen. Fällt beispielsweise ein System in der Logistik aus, können im schlimmsten Fall Aufträge nicht mehr termingerecht bedient werden, wodurch möglicherweise Strafzahlungen fällig werden. Unter den speziellen Risiken lassen sich beispielsweise Mitarbeiter nennen, die einen weitreichenden Zugriff auf interne Daten haben. Die Gefahr respektive das Risiko besteht folglich darin, dass jene Personen solche Daten nach außen preisgeben und somit unter Umständen enorme Umsatzeinbußen aufgrund von Imageschäden verursachen.[17]

2. Aufgabe: Begrifflichkeit und Bedeutung des Ratings

Die Begrifflichkeit des Ratings umfasst konkret die Beurteilung einer Bonität nach standardisierten Vorgaben, um zwischen Kreditgebern und sonstigen Institutionen einen einheitlichen Vergleich zur Bewertung der Bonität zu ermöglichen. Das Wort selbst ist dem englischen Sprachgebrauch entlehnt und bedeutet übersetzt „einschätzen" oder „beurteilen". Im Hinblick der Kreditgeber und/oder Investoren stellen Ratings eine enorm wichtige Informationsquelle dar, da ebendiese Institutionen respektive Personengruppen meist keine weiteren Einblicke in ein Unternehmen erhalten können und somit auf andere verlässliche Informationen über die wirtschaftliche Lage des Unternehmens angewiesen sind.

Dabei lassen sich verschiedene Arten des Ratings unterscheiden und zunächst in ein internes und externes Rating gliedern. Die Unterscheidung hierbei liegt bei der ausführenden Stelle des Rating-Prozesses. Wird ein Rating beispielsweise auf Basis einer Kreditanfrage bei einer Bank erstellt, ist die Rede von einem internen Rating. Den Gegensatz hierzu stellen externe Ratings dar, die von Rating-Agenturen durchgeführt werden. Die Begrifflichkeit Rating umfasst dabei den allumfassenden Prozess von der Rating Erstellung bis hin zur Darstellung der Ergebnisse.[18] Auch der Gegenstand des Ratings gibt eine weitere Aufschlüsselung in verschiedene Arten des Ratings, unabhängig ob

---

[17] Vgl. Gleißner, Werner (2017), Seite 74.
[18] Vgl. Prümer, Michael (2003), Seite 29ff.

jenes intern oder extern erstellt wird. In diesem Zusammenhang soll nachfolgend ein kurzer Einblick in verschiedene Ratingformen gegeben werden:

- Emittentenrating: Diese Form des Ratings lässt sich auch unter dem Begriff Schuldnerrating verstehen und befasst sich explizit mit der Ausfallwahrscheinlichkeit einer Rückzahlung. Dabei stellt die Bonität das ausschlaggebende Maß zur Bewertung dar.[19]

- Emissionsrating: Beim Emissions- oder auch Kreditrating wird neben der Bonität auch die Höhe des Verlustes berücksichtigt, die bei einem Zahlungsausfall auftreten wird. Hinzu kommen weitere Kriterien, wie beispielsweise vorhandene Sicherheiten, die in die Gesamtbewertung mit einfließen.[20]

Für den thematischen Bereich dieser Ausarbeitung, spielt jedoch vor allem das Unternehmensrating eine bedeutende Rolle. Da die meisten Unternehmen zu einem Teil mit Fremdkapital finanziert sind, ist es ein begründetes Interesse des Kapitalgebers, die eingesetzten monetären Mittel in der Zukunft auch wieder verzinst zurückzuerhalten. Dieses Szenario ist jedoch nur möglich, wenn das Unternehmen in der Zwischenzeit keinerlei wirtschaftlichen respektive finanziellen Rezessionen unterliegt und im schlimmsten Fall zahlungsunfähig ist. Das sogenannte Unternehmensrating befasst sich folglich mit der Errechnung des Risikos, inwieweit eine ausbleibende Rückzahlung des eingesetzten Fremdkapitals denkbar ist und bedient sich entsprechend der Bonität des Unternehmens. Hierunter ist explizit die Kreditwürdigkeit respektive die Wahrscheinlichkeit zu verstehen, dass das Fremdkapital zukünftig auch wieder an den Kapitalgeber zurückfließt und das Unternehmen entsprechend seiner Zahlungsverpflichtung nachkommt. Wie ersichtlich wird, liegt beim Unternehmensrating der Fokus deutlich auf der Ausfallwahrscheinlichkeit des Unternehmens, weshalb diese Ratingform dem Emittentenrating zuzuordnen ist.[21]

Hierbei liegen je nach Rating-Agentur diverse Kriterien zugrunde, die die Basis eines jeden Rankings darstellen und in einem Kriteriensystem zusammengefasst sind. Dabei wird stets versucht, systematisch und empirisch belegbar, ein Vergleich zwischen Unternehmen zu bilden, die gewisse Kriterien in positiver als auch negativer Weise abbilden.[22] Dabei ist zu beachten, dass die Qualität des Ratings maßgeblich von der Auswahl der Kriterien und insbesondere auch von deren Verknüpfung beeinflusst wird.[23]

---

[19] Vgl. Wagner, Fred (2017), Onlinequelle.
[20] Vgl. Wagner, Fred (2017), Onlinequelle.
[21] Vgl. Wagner, Fred (2017), Onlinequelle.
[22] Vgl. Gleißner, Werner (2017), Seite 11.
[23] Vgl. Gleißner, Werner (2017), Seite 15.

Vor allem im Bereich des Unternehmens-Ratings stellt die Insolvenzwahrscheinlichkeit einen zentralen Faktor dar, die maßgeblich von folgenden Faktoren beeinflusst wird:

- Anteil des Eigenkapitals im Unternehmen:

  Im Insolvenzfall ist hier von einer Überschuldung zu sprechen, sobald das Eigenkapital geringer als Null ist und das Unternehmen folglich nur noch aus finanziellen Mitteln Dritter besteht. Gerade im Hinblick von Zinsaufwendungen ist diese Konstellation der Kapitalherkunft äußerst unpraktisch, da für sämtliches im Unternehmen verbleibende Kapital Zinsen aufzubringen sind.

- Zahlungsfähigkeit:

  Im Insolvenzfall ist hier von einer Zahlungsunfähigkeit respektive Illiquidität zu sprechen, sobald Zahlungsverpflichtungen nicht mehr durch vorhandene liquide Mittel im Unternehmen gedeckt werden können. In diesem Fall ist es ohne externe Hilfe nahezu unmöglich, Verbindlichkeiten zu bedienen. Dieses Szenario ist für das weitere Bestehen des Unternehmens insbesondere dahingehend gefährdend, da beispielsweise Zulieferer und Banken keine Ware oder finanzielle Mittel mehr zur Verfügung stellen.

Das Ergebnis des Ratingverfahrens lässt sich dabei in übersichtlicher Weise als Rating-Score darstellen, welcher je nach Rating-Agentur leicht unterschiedliche Darstellungsformen aufweist.[24] In diesem Zusammenhang sollen insbesondere die beiden bedeutendsten Rating-Agenturen kurz erläutert und deren individuellen Rating-Scores aufgezeigt werden:

- Standard & Poor's (S&P): Die Rating-Scores dieser Agentur setzen sich rein aus Buchstaben von A bis D sowie + und – zusammen. Dabei stellt das Rating AAA die bestmögliche Stufe mit der höchstmöglichen Bonität dar, gefolgt von AA+, AA und AA-, die ebenfalls eine sehr hohe Bonität repräsentieren. Die geringste Bonität wird hingegen durch die Scores CCC, CC und C dargestellt, wobei von einer sehr hohen Ausfallwahrscheinlichkeit auszugehen ist. Unternehmen, die mit einem D klassifiziert werden, sind nach den Kriterien von Standard & Poor's bereits insolvent oder können einzelne Zahlungsverpflichtungen nicht termingerecht bedienen.[25]
- Moody's: Ähnlich den Rating-Scores von S&P werden auch bei Moody's Buchstaben von A bis C zur Klassifizierung verwendet. Statt den Sonderzeichen, kommen hier allerdings Zahlen von 1 bis 3 hinzu. Wie auch zuvor, steht bei Moody's der Score Aaa für die höchste Bonität mit dem geringsten Ausfallrisiko, gefolgt von Aa1,

---

[24] Vgl. Gleißner, Werner (2017), Seite 14.
[25] Vgl. S&P Global Ratings.

Aa2 und Aa3 mit einer ebenfalls deutlich hohen Bonität. Die schlechtesten Scores werden mit Caa, Ca und C abgebildet, wobei es keine gesonderte Klassifizierung für insolvente Unternehmen gibt.[26]

Wie zu vermuten ist, stellt das Rating gerade im Bereich der Kapitalgeber einen enormen Stellenwert dar, da somit das zukünftige Risiko besser eingeschätzt werden kann und versucht wird, eine Verlustquote des Kapitals zu errechnen. Hinzu kommt, dass vom Ergebnis des Ratingverfahrens auch maßgeblich die Konditionen zur Vergabe des Fremdkapitals abhängig sind. Weist ein Unternehmen beispielsweise ein hohes Ausfallrisiko vor, wird die Vergabe von Fremdkapital meist von höheren Zinsen oder einer geringeren Kreditsumme begleitet, wodurch ersichtlich wird, dass das Rating insbesondere auch für das Unternehmen selbst enorm bedeutend ist. Dies liegt vor allem daran, dass Banken, beziehungsweise generell Kreditgeber das höhere Risiko durch eine bessere Entlohnung ausgleichen möchten oder teilweise hierzu auch gesetzlich verpflichtet sind.[27] Letzterer Punkt dürfte sich auf die Weltwirtschaftskrise 2008/2009 beziehen, derer eine besonders spekulativ aufgeblähte Immobilienblase in den USA zugrunde liegt. Durch die Vergabe von unzähligen Immobilienkrediten and Privatpersonen mit meist keinem oder nur geringem Einkommen stieg die Anzahl der Rückzahlungsausfälle bei steigendem Zins massiv an, wodurch insbesondere Banken in bedeutende wirtschaftliche Schwierigkeiten gerieten. Durch unter anderem den Zusammenbruch der US-amerikanischen Bank Lehman Brothers im Jahr 2008, wurden strengere Regularien bei der Vergabe von Krediten gesetzlich festgeschrieben.[28]

Gerade im Hinblick der nötigen Finanzierung des Unternehmens mittels Fremdkapital, können eine begrenzte Kreditsumme oder auch schlechtere Konditionen im Rahmen der aufzubringenden Zinsen, bedeutende Einschnitte mit sich bringen, da möglicherweise Investitionen mangels Kapital nicht oder nur zu unrentablen Konditionen durchgeführt werden können. Losgelöst von Investoren oder Kreditgebern, kann das Szenario des Ratings auch auf alltägliche Vertragsbeziehungen abgeleitet werden. Möchte ein Unternehmen beispielsweise Ware von einem neuen Lieferanten beziehen, mit welchem bisher noch keine Vertragsbeziehung besteht, wird sich dieser mit an Sicherheit grenzender Wahrscheinlichkeit einer Bonitätsprüfung und somit der Ausfallwahrscheinlichkeit des Kunden bedienen. Ist diese nicht zur Zufriedenheit des Lieferanten, kann es unter Umständen zu anderweitigen Zahlungsbedingungen, wie zum Beispiel der Begleichung der Rechnung vor Anlieferung, kommen. Auch hier zeigt sich, dass bereits im kleinen Rahmen Ratings einen enormen Einfluss auf sämtliche vertragliche Beziehungen haben

---

[26] Vgl. Moody's Investors Service, Inc.
[27] Vgl. Infinia, Onlinequelle.
[28] Vgl. Staff, Reuters (2020), Onlinequelle.

können, da wie im zuvor genannten Szenario, Waren zunächst vollständig vorfinanziert werden müssen.

Betrachtet man jedoch auch die positive Seite des Unternehmens-Ratings, können Unternehmen mittels eines guten Rating-Scores für sich in einer gewissen Weise werben. Ist ein Unternehmen beispielsweise auf der Suche nach privaten oder auch institutionellen Investoren, wird die Entscheidung in einigen Fällen höchstwahrscheinlich auf jenes Unternehmen mit einem positiven Rating-Score fallen. Auch die Anlageentscheidung auf der Seite von privaten Anlegern, die beispielsweise Aktien von bestimmten Unternehmen kaufen möchten, kann maßgeblich durch das Rating beeinflusst werden.

Wie ersichtlich wird, sind Ratings in der heutigen Welt nahezu nicht wegzudenken. Wie im oberen Verlauf beschrieben, stellen sie für jegliche Parteien auf dem Kapitalmarkt einen bedeutenden Zuwachs an Informationen über bestimmte Unternehmen dar, wodurch das individuelle Risiko besser eingeschätzt und Entscheidungen über mögliche Investitionen fundierter getroffen werden können. Neben allen Vorteilen, kann ein Rating jedoch auch maßgebliche Nachteile für ein Unternehmen bedeuten, wenn dieses negativ ausfällt. Schlechtere Konditionen oder ausbleibende Investoren können eine denkbare Folge sein, die möglicherweise das Wachstum eines Unternehmens schmälern oder im schlimmsten Fall den Fortbestand des Unternehmens gefährden.

3. Aufgabe: Konzeption von Ratingsystemen

Um ein Unternehmen letztendlich konkret hinsichtlich seiner Ausfallwahrscheinlichkeit und Bonität zu bewerten, werden zunächst einzelne Gruppen aus einer Vielzahl an verschiedenen Kriterien gebildet. Diese sogenannten Teilratings beziehen sich neben dem Unternehmen selbst auch auf die externen Gegebenheiten sowie auf mögliche zukünftige Entwicklungen und sind wie folgt klassifiziert:

Finanzrating: Die Grundlage jenes Teilratings sind diverse Kennzahlen, die sich aus dem Jahresabschluss des Unternehmens ableiten lassen. So ist dieser Teil des Gesamtratings vor allem durch Zahlen bestimmt, mit welchen versucht wird, die Insolvenzwahrscheinlichkeit zu berechnen. Hierzu eignen sich diverse Kennzahlen, die erfahrungsgemäß einen Indikator hierfür darstellen. Insbesondere der dynamische Verschuldungsgrad, welcher das Verhältnis zwischen den Verbindlichkeiten, liquiden Mitteln und den fließenden Cashflows abbildet, erlangt hier einen hohen Stellenwert. Darüber hinaus umfasst dieses Teilrating die Risikotragfähigkeit eines Unternehmens, welche beispielsweise durch die Eigenkapitalquote ermittelt wird und Aufschluss darüber gibt, inwieweit

ein Unternehmen von externem und somit fremdem Kapital abhängig ist. In diesem Zusammenhang erlangen auch Zinsdeckungskennzahlen an Bedeutung, die das Verhältnis des Ertrags und des Zinsaufwandes in Relation setzen. Hinzu kommen qualitative
Faktoren, die letztendlich in das Gesamtrating mit einfließen und beispielsweise das Verhältnis zwischen dem Unternehmen und den Banken widerspiegelt. Dies kann zum Beispiel eine vorangehende langjährige Geschäftsbeziehung sein, wodurch die Bank bereits einen fundierten Einblick in das Unternehmen besitzt und die Zahlungsmodalitäten
kennt.[29]

Branchenrating:

Losgelöst vom eigentlich zu betrachteten Unternehmen, befasst sich das Branchenrating
mit Kriterien, die sich auf die gesamte Branche beziehen und für alle Unternehmen innerhalb jenes Bereichs Gültigkeit besitzen. Dabei ist vor allem der Ansatz von Porter zu
nennen, der den Branchenwettbewerb durch sein Modell der Five Forces konkretisiert.
Hierbei spielen neben dem eigentlichen Wettbewerb innerhalb der Branche auch diverse
Faktoren für das zukünftige Risiko eine Rolle. Porter nennt dabei zum einen die Macht
der Verkäufer als auch die Macht der Käufer und zum anderen die potenzielle Bedrohung für das bestehende Geschäftsmodell durch den Eintritt neuer Anbieter sowie dem
Angebot neuer Substitutionsprodukte am Markt. Hieraus lässt sich das mögliche zukünftige Branchenrisiko ableiten, welches wiederum durch die zuvor beschriebenen Eintritts-
barrieren geschwächt oder auch gesteigert werden kann. Muss ein Kunde beispielsweise einen nur sehr geringen Aufwand leisten, um seine Maschinen an ein neues Produkt eines neuen Anbieters anzupassen, besteht ein großes Risiko, diesen Kunden zukünftig zu verlieren, da er tiefgreifend an kein bestimmtes Produkt gebunden ist. Jenes
Szenario beschreibt die Wechselkosten, die je nach Ausmaß die Kundenbindung beeinflussen können.[30] In solch einem Fall mit nur sehr geringen Wechselkosten, besteht ein
sehr deutliches Branchenrisiko durch weitere Anbieter am Markt, welches einen negati-
ven Einfluss auf das Gesamtrating haben wird.

Erfolgspotenziale:

Als prognoseorientierter Bereich stellt dieses qualitative Teilrating insbesondere die
möglichen zukünftigen Entwicklungschancen des Unternehmens dar und gibt somit Aufschluss darüber, ob und inwiefern das Unternehmen in den Folgejahren noch am Markt
präsent sein könnte. Hierbei wird die Unternehmung selbst intensiv beleuchtet, um vorhandene Wettbewerbsvorteile und auch interne Stärken sowie Kompetenzen zu erkennen, die für den weiteren Erfolg oder auch Misserfolg maßgeblich verantwortlich sein

---

[29] Vgl. Gleißner, Werner (2017), Seite 16-17.
[30] Vgl. Porter, Michael (2013), Seite 41ff.

können.[31] Der qualitative Charakter lässt sich vor allem dadurch erkennen, dass die zukünftige Entwicklung maßgeblich von bestimmten im Unternehmen vorhandenen Kompetenzen und Wettbewerbsvorteilen abhängt. Hinzu kommen spezifische interne Stärken des Unternehmens, die ergänzend die Erfolgsaussichten beeinflussen können. Solch eine Stärke kann beispielsweise eine ausgeprägte Qualifikation der Mitarbeitenden sein oder ein besonders herausragendes Risikomanagement zur frühzeitigen Abbildung zukünftiger potenzieller Risiken.[32]

Risiken: Wie bereits im vorangehenden Verlauf dieser Ausarbeitung erläutert wurde, sind Unternehmen mit diversen Risiken konfrontiert, die bestmöglich abgeschätzt werden sollten. Aufgrund der Wichtigkeit wird dieser Bereich zu einem eigenständigen Teilrating aggregiert, womit mögliche Abweichungen von Zukunftsszenarien beachtet werden sollen. Dabei ist vor allem auch auf Szenarien einzugehen, die extern bedingt die Erfolgspotenziale des Unternehmens maßgebend negativ beeinflussen können.[33] Wie es in der aktuellen COVID19-Pandemie oder auch im Kriegsgeschehen innerhalb der Europäischen Union ersichtlich wurde, können externe Geschehnisse das Unternehmen enorm negativ beeinflussen und ohne eigenes Verschulden im schlimmsten Fall in die Zahlungsunfähigkeit treiben. In der immer stärker globalisierten Welt, sollte somit auch ein besonderes Augenmerk auf die jeweilige Situation in allen Ländern gelegt werden, die für die Supply Chain des Unternehmens mitverantwortlich sind. Gerade im Hinblick externer Faktoren und einem meist globalen Sourcing von Gütern, rückt ein ausgewogenes Management von Risiken immer weiter in den Fokus, welches Unternehmen unumgänglich betreiben sollten.

Wie ersichtlich wird, bezieht sich ein qualitativ hochwertiges Rating nicht nur auf das Unternehmen selbst, sondern schließt auch externe Faktoren in die Bewertung mit ein und umfasst alle maßgeblichen Rating-Determinanten, wie beispielsweise das erwartete Ertragsniveau oder auch die Risiken.[34] Nur so ist es möglich, eine konkrete Aussage über das Unternehmen und die zukünftige Zahlungsperformance zu treffen, da Umsatz- und somit auch Liquiditätseinbußen oft nicht durch Fehlentscheidungen des Unternehmens, sondern beispielsweise durch sich verändernde Kundenwünsche oder politische Geschehnisse entstehen können.

Um letztendlich zu klären, inwieweit Ratingsysteme zur prognostischen Beurteilung von Bonitäten geeignet sind, ist nochmals deren grundlegender Aufbau aufzugreifen. Neben

---

[31] Vgl. Gleißner, Werner (2017), Seite 17.
[32] Vgl. Gleißner, Werner (2017), Seite 23.
[33] Vgl. Gleißner, Werner (2017), Seite 17.
[34] Vgl. Gleißner, Werner (2017), Seite 16.

kennzahlenbasierenden Teilratings befassen sich einzelne Bereiche nahezu ausschließlich mit der zukünftigen Entwicklung des Unternehmens. Dabei stehen diverse Erfolgspotenziale in Kombination mit branchenspezifischen Gegebenheiten zur Prüfung, die letztendlich eine möglichst genaue Prognose abgeben sollen und einen bedeutenden Einfluss in das Gesamtrating aufweisen. So lässt sich eine Vielzahl an Erfolgspotenzialen ermitteln, die wiederum in einzelne Gruppen aufgegliedert werden können:

- Strategie und Managementsysteme: Neben der grundlegenden Unternehmensstrategie werden auch Faktoren, wie die Standortqualität oder auch das zuvor angesprochene Risikomanagement betrachtet. Dabei ist immer der vermutliche Einfluss zu beachten, den eine Stärke oder eine Kompetenz des Unternehmens für die zukünftigen Erfolgsaussichten mit sich bringt.
- Organisation und Prozesse: Dieser Bereich umfasst vor allem die interne Unternehmensstruktur und zeigt beispielhaft konkret die vorhandene Kompetenzregelung auf oder inwieweit das Unternehmen mit IT-Systemen arbeitet.
- Mitarbeiter: Da der Erfolg eines Unternehmens unweigerlich von den Mitarbeitenden abhängig ist, werden auch diese gesondert betrachtet. Hierbei werden vor allem Faktoren wie die Qualifikation oder Motivation betrachtet.
- Produkt und Markt: Ein weiterer hauptverantwortlicher Teilbereich umfasst das Produkt des Unternehmens sowie den Markt, in welchem jenes agiert. Konkret wird hierbei unter anderem der Marktanteil oder auch die Vertriebsstärke bewertet.[35]

Der sich hieraus ergebende Mittelwert der vergebenen Schulnoten zwischen 1 und 5 wird letztendlich dem Ergebnis des Finanzkennzahlenratings gegenübergestellt. Dies ermöglicht, dass Unternehmen mit einem eher schlechten Jahresabschluss dennoch die Chance auf einen besseren Rating-Score erhalten, wenn die zukünftigen Potenziale besonders positiv ausfallen. So ist es beispielsweise möglich, den schlechtmöglichsten Rating-Score C bis auf ein B- zu verbessern und somit die Chancen auf bessere Konditionen deutlich zu erhöhen. Auch im Bereich der sehr guten Ratings können besonders gute Erfolgspotenziale das Rating verbessern. So ist eine Steigerung von einem A Score auf AAA und somit in den bestmöglichen Rating-Score möglich.[36] Der weitere Schritt ist nun das zuvor ermittelte Finanzkennzahlenrating diversen Ertragsrisiken gegenüberzustellen und daraus letztendlich den finalen Rating-Score sowie die finale Ratingnote zu ermitteln. Es wird somit deutlich, dass die Erfolgspotenziale im beschriebenen Folgeschritt zwar weiterhin berücksichtigt werden, der Einfluss auf das Gesamtrating jedoch unter Umständen sehr deutlich abnimmt. Gesamt betrachtet bietet diese sogenannte

---

[35] Vgl. Gleißner, Werner (2017), Seite 23.
[36] Vgl. Gleißner, Werner (2017), Seite 24.

Risikoadjustierung jedoch diverse Vorteile für die Genauigkeit des Ratings, da nun auch insbesondere qualitative Faktoren mitberücksichtigt werden.[37]

Wird jedoch anschließend die Gesamtheit des Ratings sowie der übergreifende Rating-prozess beleuchtet, wird sehr schnell eine gewisse statische Ausrichtung deutlich, die zwar zukünftige Erfolgspotenziale berücksichtigt, jedoch keinen tatsächlichen prognos-tischen Charakter aufweist. Dies ist dadurch zu begründen, dass der finanzwirtschaftli-che Teil des Ratings maßgeblich durch im Unternehmen vorhandene Risiken beeinflusst wird, die jedoch möglicherweise in der Zukunft nicht mehr oder in anderer Weise vorlie-gen. Der Jahresabschluss, welcher die Grundlage des Finanzratings darstellt, ist daher für eine zukunftsbasierte Aussage über die Insolvenzwahrscheinlichkeit eines Unterneh-mens nur begrenzt nutzbar, da sich zukünftige Risiken nicht aus jenem ableiten lassen. Wie ersichtlich wird, bedarf es weiterer Methoden, um zukünftige Entwicklungen des Un-ternehmens möglichst genau abzubilden. Entgegen des zuvor beschriebenen empirisch-statistischen Verfahrens, können simulationsbasierte Ratings die Vorhersagegenauig-keit erhöhen. Das Ziel ist es, insbesondere Wechselbeziehungen zwischen Ursachen und Wirkung abzubilden und somit Chancen als auch Risiken zu berücksichtigen, die nicht nur im vorangehenden Jahresabschluss ihre Zuordnung finden.[38] Zur Umsetzung sollen insbesondere zukünftige Entwicklungen bestimmter Finanzkennzahlen modelliert und somit konkrete Risiken, welche für eine Abweichung des Solls verantwortlich sein können, simuliert und damit einhergehend berücksichtigt werden.[39] Möglich ist dies mit-tels der sogenannten Monte-Carlo-Simulation, welche eine Vielzahl an möglichen Er-gebnissen, in diesem Kontext eine Vielzahl an möglichen Einflüssen respektive Entwick-lungen bestimmter Finanzkennzahlen in Anbetracht bestimmter Risikoeinflüsse, ermit-telt.[40] Ergänzend zu den diversen Ausprägungen einzelner Finanzkennzahlen, werden drei verschiedene Szenarien erstellt, die wiederum die sogenannte risikobedingte Band-breite darstellen:

- Bedingte Ratingprognose: Jener Entwicklungsstufe liegt die Unternehmensplanung zugrunde, da hierbei die Entwicklung bestimmter Finanzkennzahlen unter dem Ge-sichtspunkt berechnet werden, dass sich das Unternehmen tatsächlich entspre-chend den Planungen entwickelt.

- Stochastische kennzahlenbasierte Ratingprognose: Hierbei wird mittels der Monte-Carlo-Simulation in jedem Simulationsdurchlauf die Ausprägung einer bestimmten

---

[37] Vgl. Gleißner, Werner (2017), Seite 26f.
[38] Vgl. Gleißner und Wingenroth (2015).
[39] Vgl. Gleißner, Werner (2017), Seite 27.
[40] Vgl. IBM (2020), Onlinequelle.

Kennzahl, welche für das Rating entscheidend ist, berechnet. Das Ziel ist eine Häufigkeitsverteilung, mit welcher Aussagen über die zukünftige Ratingentwicklung getroffen werden sollen.

- Simulationsbasierte, direkte Ratingprognose: Das Ziel ist die Ermittlung von Überschuldung und Illiquidität, losgelöst von einzelnen Finanzkennzahlen. In jedem Simulationsdurchlauf wird geprüft, ob in diesem Szenario eine Überschuldung oder Illiquidität auftreten würde.[41]

Wie ersichtlich wird, können insbesondere simulationsbasierte Ratingverfahren zur prognostischen Beurteilung von Bonitäten herangezogen werden, da diese die tatsächliche potenzielle Entwicklung beziehungsweise Einflüsse der Chancen und Risiken abbilden. Empirisch-statistische Verfahren berücksichtigen zwar zukünftige Erfolgspotenziale, die eher statische Ausrichtung anhand des vorangehenden Jahresabschlusses schmälert jedoch die Aussagekraft für zukünftige Bonitäten.

---

[41] Vgl. Gleißner, Werner (2017), Seite 28.

Anhang

Abbildung 1: Porters Five Forces; eigene Darstellung, in Anlehnung an Porter, Michael.

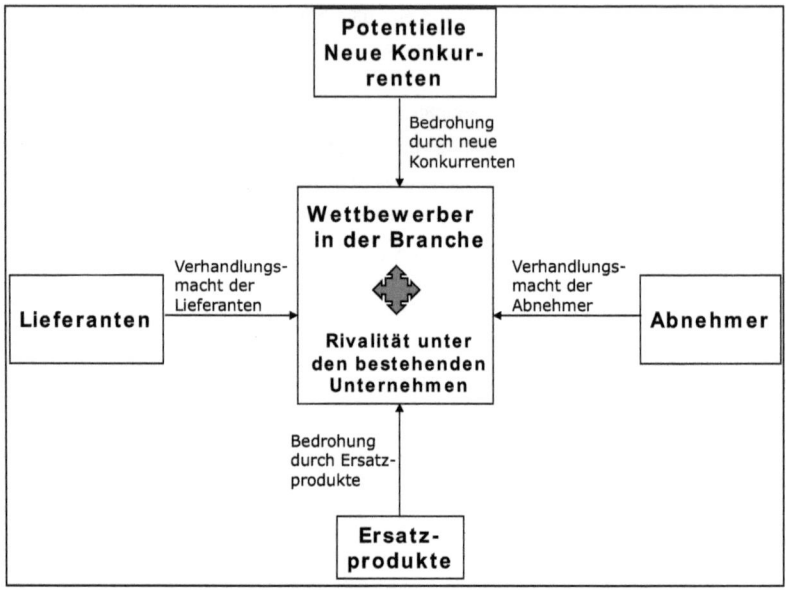

Literaturverzeichnis

Baader, Andreas et al. (2006), Erfolgreich mit After Sales Services, München.

Bain, Joe (1956), Barriers to New Competition, Harvard University Press.

Gleißner, W. und Wingenroth, T. (2015), *Rating und Kreditrisiko Teil 1, Kredit & Rating Praxis (KRP), Nr. 5*

Gleißner, W. (2017): Rating, Risikomanagement und die Bewertung von Ratingstrategien, 1. Auflage, Riedlingen.

Gleißner, W. und Meier, G. (2001): Wertorientiertes Risiko-Management für Industrie und Handel, 1. Auflage, Wiesbaden.

IBM (2020), Onlinequelle: https://www.ibm.com/de-de/cloud/learn/monte-carlo-simulation (aufgerufen am 02.07.2022).

Infinia, Onlinequelle: https://www.infina.at/corporate-finance/ratgeber/rating-von-unternehmen/ (aufgerufen am 02.07.2022).

Lingnau, Volker (2008), Die Rolle des Controllers im Mittelstand, 8. Auflage, Köln.

Moody's Investors Service, Inc., Onlinequelle: https://ratings.moodys.com/rating-definitions (aufgerufen am 28.06.2022).

Porter, Michael (2013), Wettbewerbsstrategie: Methoden zur Analyse von Branchen und Konkurrenten, 12. Auflage, Frankfurt am Main.

Porter, Michael (2017), Ser Competitivo, Harvard Business Press.

Prümer, Michael (2003), Rating-Leitfaden für die Praxis: Empfehlungen für den Umgang mit Banken, Wiesbaden.

S&P Global Ratings. (2021), Onlinequelle: https://disclosure.spglobal.com/ratings/en/regulatory/article/-/view/sourceId/504352 (aufgerufen am 28.06.2022).

Schawel, C. und Billing, F. (2017), Top 100 Management Tools, 6. Auflage, Wiesbaden.

Staff, Reuters (2020), Onlinequelle: https://www.reuters.com/article/deutschland-banken-idDEKBN1ZR1US (aufgerufen am 02.07.2022).

Wagner, Fred (2017), Onlinequelle: https://www.versicherungsmagazin.de/lexikon/emittentenrating-1945087.html; https://www.versicherungsmagazin.de/lexikon/emissionsrating-1945086.html.